BEI GRIN MACHT SICH IHR WISSEN BEZAHLT

- Wir veröffentlichen Ihre Hausarbeit,
  Bachelor- und Masterarbeit

- Ihr eigenes eBook und Buch -
  weltweit in allen wichtigen Shops

- Verdienen Sie an jedem Verkauf

Jetzt bei www.GRIN.com hochladen
und kostenlos publizieren

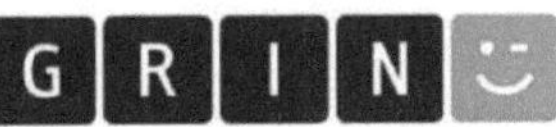

Ernst Probst

Shirley Temple - Der Kinderstar der 1930-er Jahre

GRIN Verlag

Bibliografische Information der Deutschen Nationalbibliothek:

Die Deutsche Bibliothek verzeichnet diese Publikation in der Deutschen National-
bibliografie; detaillierte bibliografische Daten sind im Internet über http://dnb.d-
nb.de/ abrufbar.

Impressum:

Copyright © 2012 GRIN Verlag, Open Publishing GmbH
Druck und Bindung: Books on Demand GmbH, Norderstedt Germany
ISBN: 978-3-656-21929-3

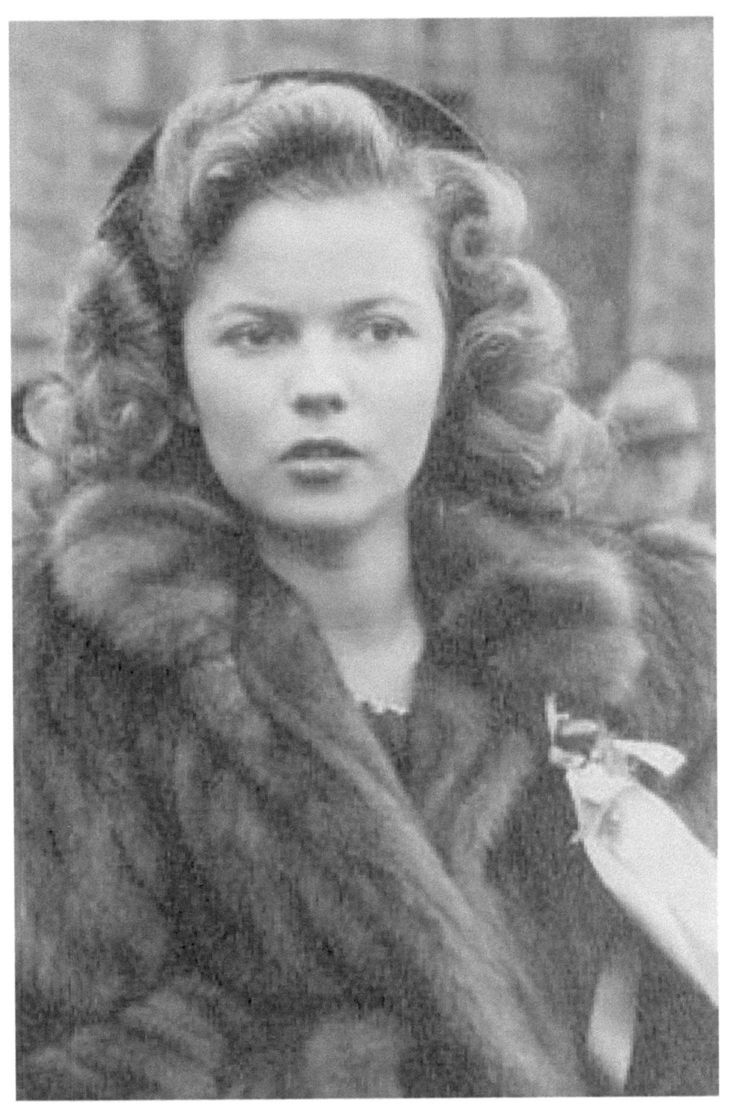

Shirley Temple im Alter von 16 Jahren

Ernst Probst

Shirley Temple

Der Kinderstar
der 1930-er Jahre

Beate Werner,
Bernd Werner,
Marianne Werner,
Otto Werner,
Sonja Werner,
Dr. Jochen Werner,
Christine Werner und
Steffen Werner
gewidmet

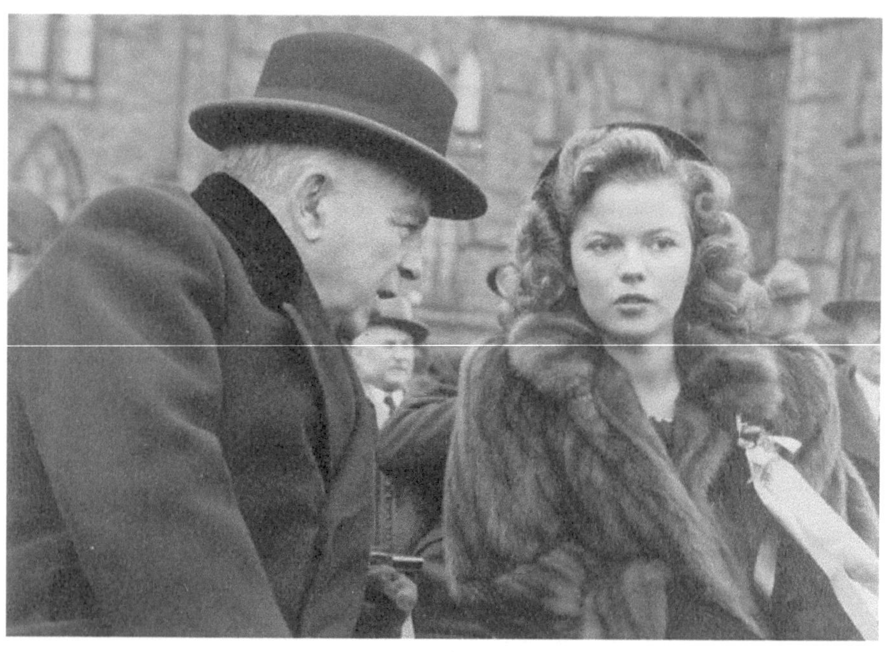

*Shirley Temple am 21. Oktober 1944
neben dem kanadischen Premierminister
William Mackenzie King (1874–1950)*

Shirley Temple

Der Kinderstar der 1930-er Jahre

Der erfolgreichste weibliche Kinderstar war die amerikanische Schauspielerin Shirley Temple. Das niedliche Mädchen begeisterte in den 1930-er Jahren das Publikum mit 24 zuckersüßen Filmen wie „Der kleinste Rebell" (1935), „Rekrut Willie Winkie" (1937), „Heidi" (1937), „Die kleine Prinzessin" (1939) und „Fräulein Winnetou" (1939). Als junge Frau zog sie sich von der Kinoleinwand zurück und engagierte sich erfolgreich im Sozialwesen und in der Politik.
Shirley Jane Temple kam am 23. April 1928 um 9 Uhr abends als Tochter von George Francis Temple senior (1888–1980) und seiner Ehefrau Gertrude Amelia Temple (1893–1977), geborene Krieger, in Santa Monica (Kalifornien) zur Welt. „To late for dinner, and so I startet life one meal behind", witzelte Shirley später. Die Eltern hatten 1914 geheiratet.
Der Vater von Shirley war Leiter einer Bankfiliale. Shirley hatte zwei ältere Brüder namens Jack Stanley (1915–1985) und George Francis junior (1919–1996), genannt „Sonny". Die attraktive Mutter von Shirley wäre gern Balletttänzerin geworden, konnte diesen Traum aber letztlich nicht verwirklichen. Wie anderere frustrierte

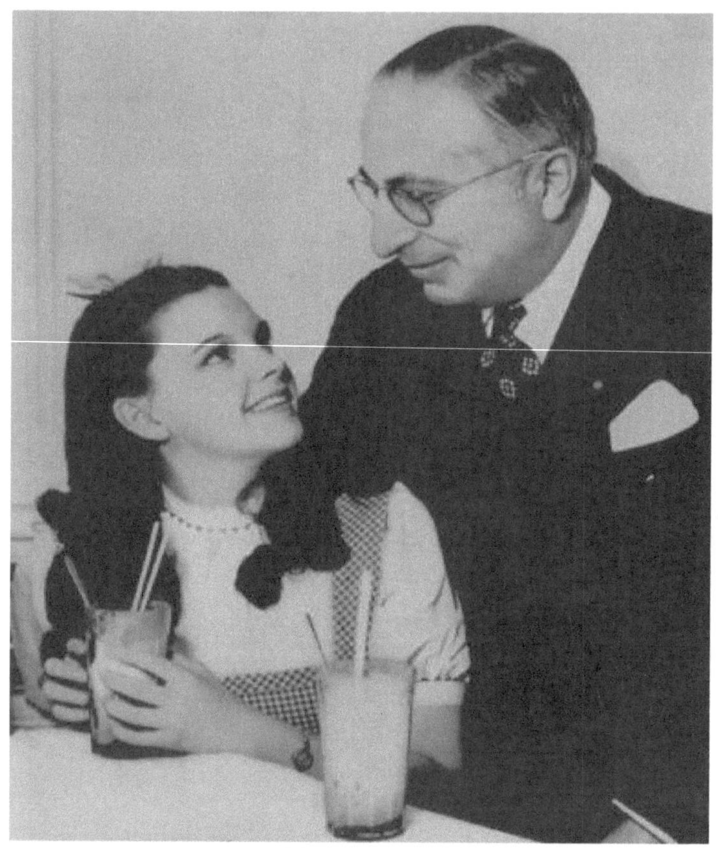

Judy Garland (1922–1969), links,
und „MGM"-Chef Louis B. Mayer (1884–1957)

Mütter, die selbst keine Tanzkarriere schafften, übertrug sie ihre diesbezüglichen Hoffnungen auf ihre Tochter. Während ihrer Schwangerschaft mit Shirley hörte die Mutter oft Plattenspieler-Musik und besuchte Tanzveranstaltungen. Nach der Geburt wiegte sie die kleine Shirley regelmäßig in ihrem Kinderbett zum Takt der Musik.

Mit drei Jahren erhielt Shirley ab September 1931 Tanzunterricht in „Ethel Meglin's Dance Studio" in Los Angeles. Eines der „Meglin Kiddie" („Meglin-Kinder") war die sechs Jahre ältere Judy Garland (1922–1969), die sich später dank ihres Talents an die Spitze der amerikanischen Filmdarstellerinnen spielte. Wenige Monate später wurde Shirley in der Tanzschule von dem Regisseur Charles Lamont (1895–1993) und dem Produzenten Jack Hays (1898–1975) aus Hollywood entdeckt.

Im Januar 1932 gab das Filmstudio „Educational Pictures" Shirley einen zweijährigen Vertrag über 26 Kurzfilme. Als Gage vereinbarte man 50 US-Dollar pro Woche. In der Folgezeit trat sie in acht einaktigen „Baby-Burlesks" auf, in denen Storys aus bekannten Filmen mit kleinen Kindern in Windeln nachgespielt wurden. Die „Baby-Burlesk"-Filme von 1931 bis 1933 bildeten das Gegenstück zur erfolgreichen Serie „Our Gang" („Die kleinen Strolche"). Dabei mimte Shirley berühmte erwachsene Filmstars wie Marlene Dietrich (1901–1992) oder Dolores Del Rio (1905–1983). Zu den „Baby-

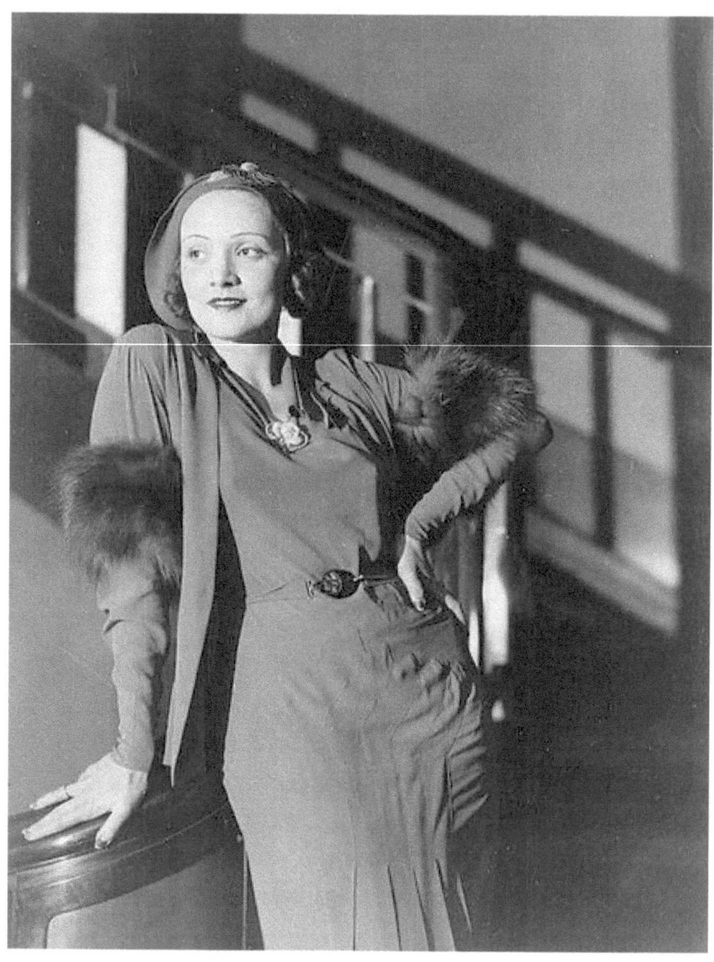

Marlene Dietrich (1901–1992)

Burlesks" unter der Regie von Charles Lamont, bei denen Shirley mit von der Partie war, gehörten „Runt Page" (1932), „War Babies" (1932), „The Pie Covered Wagon" (1932), „Glad Rags to Riches" (1933), „Kid in Hollywood" (1933), „The Kid's Last Fight" (1933), „Polly Tix in Washington" (1933) und „Kid in Africa" (1933).

Shirley empfand die „Baby-Burlesks" später als zynische Ausbeutung kindlicher Unschuld. Teilweise kamen darin auch rassistische und sexistische Szenen vor. Im Umgang mit Kindern waren die Filmleute von „Educational Pictures" offenbar nicht zimperlich. Wenn sich einer der Kinderstars schlecht benahm, wurde er in eine Box mit einem Eisblock eingesperrt und abgekühlt.

In der Serie „Frolics of Youth" mit zweiaktigen Filmen verkörperte Shirley ein Mädchen namens Mary Lou Rogers. Zu dieser Serie zählten die Titel „Merrily Yours" (1933), „What's to Do?" (1933), „Pardon My Pups" (1934) und „Managed Money" (1934).

Für „Red Haired Alibi" (1932) lieh „Educational Pictures" die kleine Shirley Temple an „Tower Productions" aus. Hierfür erhielt sie eine bescheidene Gage von 50 US-Dollar für zwei Tage. 1933 kam sie auch bei „Paramount Pictures" und „Warner Brothers" zum Einsatz. Für den erwähnten Film „Kid in Hollywood" (1933) erhöhte man ihre Gage auf 150 US-Dollar pro Woche. „Educational Pictures" ging 1934 bankrott.

Im Februar 1934 erhielt Shirley einen Vertrag beim Filmstudio „Fox" (von 1935 bis 1985 „20th Century Fox"). „Fox" lieh sie ebenfalls an „Paramount Pictures" und „Warner Brothers" aus, nahm sie aber Mitte 1934 endgültig für sieben Jahre mit steigendem Gehalt unter Vertrag. Für „Pardon My Pups" (1934) zahlte „Fox" an Shirley schon 1.000 US-Dollar pro Woche sowie für ihre Mutter, die sie coachte und frisierte, 250 US-Dollar pro Woche.

Bereits als Fünfjährige beherrschte Shirley Temple komplizierte Stepp-Choreographien. Wegen ihrer ungewöhnlichen Begabung im Stepptanz wurde sie von ihren Fans gefeiert. Bis zum Alter von sechs Jahren glaubte sie an die Existenz des Weihnachtsmanns mit fliegendem Rentier-Schlitten („Santa Claus"). Dann ging sie mit ihrer Mutter in ein Kaufhaus, um „Santa Claus" zu sehen und dieser bat sie kurioserweise um ein Autogramm.

Einem größeren Publikum wurde Shirley Temple durch den „Fox"-Film „Stand Up and Cheer" („Wir senden Sonne", 1934) bekannt. Dabei trat sie neben Warner Baxter (1889–1951) auf, tanzte mit James Dunn (1905–1967) und sang mit ihm das Lied „Baby Take a Bow" von Jay Gorney (1896–1990). Der Songwriter Gorney hatte Shirley persönlich als Interpretin für sein Lied empfohlen. Alle anderen Mädchen, die man für diese Rolle gemeldet hatte, waren scheu und vor der Kamera untauglich gewesen. Nur Shirley hatte ungezwungen vor dem Produzenten Winfield Sheehan (1883–1945) gesungen und getanzt.

Danach wurde Shirley von ihrer karrieresüchtigen Mutter Gertrude Amelia Temple systematisch zum Kinderstar getrimmt. Die Mutter drehte Shirley sorgfältig die 56 Locken, die stets zu ihrer charakteristischen Frisur gehörten, und feuerte sie bei Dreharbeiten an, das Beste zu geben. „Sparkle, Shirley, sparkle!" rief die Mutter oft.

Bereits 1934 sah man Shirley Temple in rund einem Dutzend Filmen: „Pardon My Pups", „Carolina", „Mandalay", „As the Earth Turns", „Managed Money", „Stand Up and Cheer", „Now I'll Tell", „Change of Heart", „Little Miss Marker", „Now I'll Tell" „Baby Take a Bow" („Shirleys großes Spiel"), „Now and forever" („Treffpunkt Paris!") und „Bright Eyes" („Lachende Augen"). Für „Little Miss Marker" wurde Shirley für 1.000 US-Dollar pro Woche von „20th Century Fox" an „Paramount Pictures" ausliehen. In „Little Miss Marker" trat Shirley neben Adolphe Menjou (1890–1963) auf, nach dem das „Menjou-Bärtchen" benannt ist. Der erfahrene Schauspieler Menjou sagte über Shirley: „Dieses Kind macht mir Angst. Es kennt alle Tricks". Nach den Dreharbeiten wusste man bei „Paramount Pictures", dass ein neuer Star geboren worden war. Man bot „Fox" 50.000 US-Dollar für den Ausstieg aus dem Vertrag mit Shirley an, doch das Filmstudio lehnte ab.

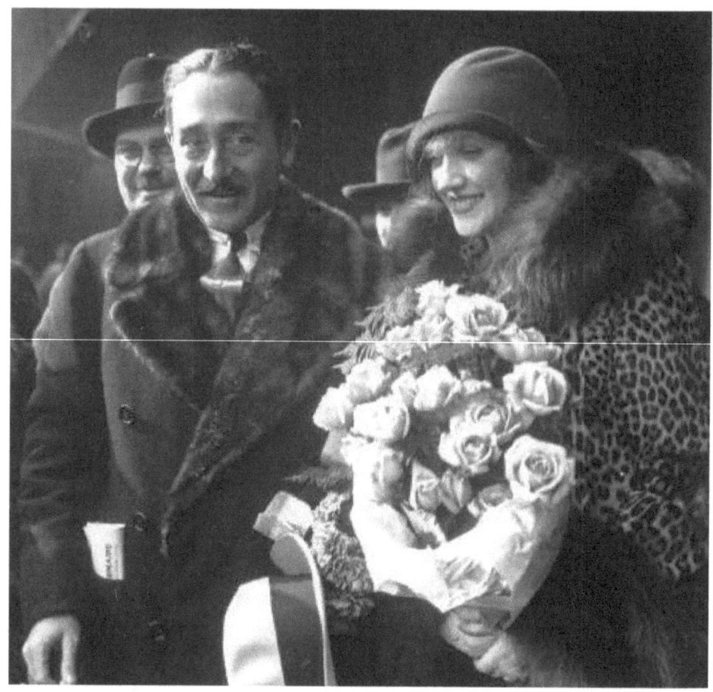

Adolphe Menjou (1890–1963, links vorne,
mit seiner ersten Ehefrau Kathryn Carver (1899–1947),
von der er 1933 geschrieden wurde

„Little Miss Marker" erwies sich an den Kinokassen in den USA als großer finanzieller Erfolg. Dank der merklich höheren Gagen von Shirley für ihre Filme konnte die Familie Temple in ein größeres Haus umziehen, eine Haushälterin engagieren und eine Sekretärin beschäftigen, die sich um die Fanpost kümmerte. Damals erhielt Shirley mehr als 4.000 Fanbriefe pro Woche und 13 US-Dollar Taschengeld im Monat.

In „Baby Take A Bow" spielte Shirley neben Claire Trevor (1910–2000). Am Set von „Now and forever" begegnete ihr erstmals der 13-jährige Gary Cooper (1901–1961), der sie um ein Autogramm bat. In „Bright Eyes" sang Shirley den unvergessenen Hit „On the Good Ship Lollipop" und gelangte zu Weltruhm. Die Platte mit diesem Lied ging rund 500.000 Mal über den Ladentisch. In England gehörten die Prinzessinnen Elizabeth und Margaret zu den begeisterten Fans von Shirley.

Für ihre Filme von 1934 erhielt die sechsjährige Shirley Temple im Februar 1935 „in dankbarer Anerkennung für ihren herausragenden Beitrag zur Filmunterhaltung" einen Ehren-„Oscar". Damit ist sie bis heute die jüngste „Oscar"-Gewinnerin aller Zeiten. Mitte März 1935 hinterließ Shirley vor dem Premierenkino „Grauman's Chinese Theatre" in Hollywood ihre Hand- und Fußabdrücke im frischen Zement.

Als Tochter eines Südstaatenpflanzers, der im Amerikanischen Bürgerkrieg (1861–1865) von den Yankees

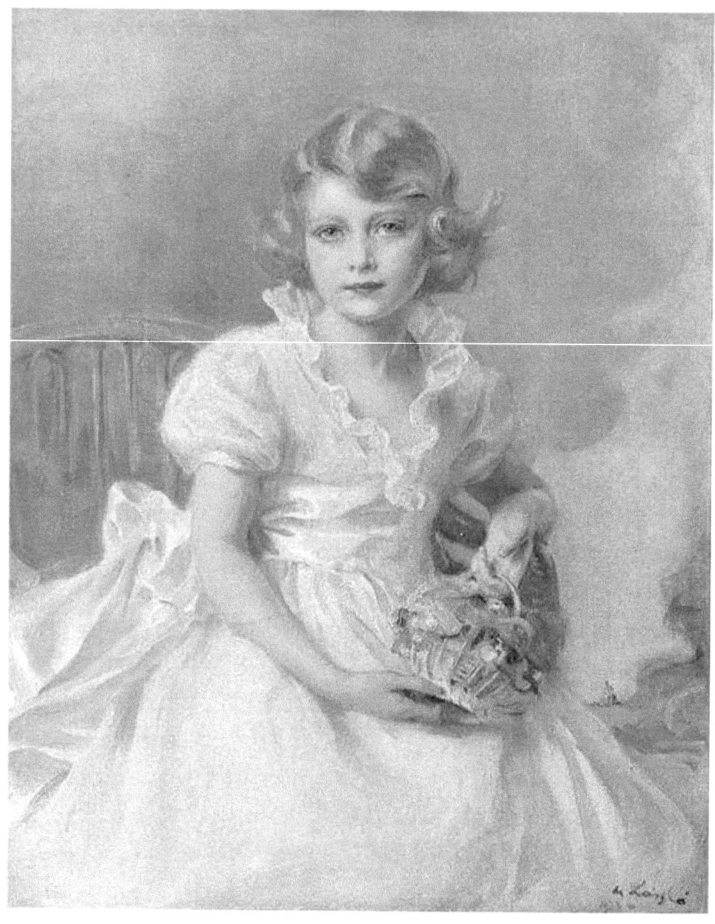

Temple-Fan Prinzessin Elizabeth

gefangengenommen und zum Tode verurteilt wird, sah man Shirley Temple in dem Film „The Littlest Rebel" („Der kleine Rebell", 1935). Flugs eilt sie zu Präsident Abraham Lincoln (1809–1865), singt und steppt vor ihm, erweicht sein Herz und erreicht die Begnadigung ihres Daddy.

Im Alter von sieben Jahren verdiente Shirley Temple wöchentlich bereits 2.500 US-Dollar. Damals wünschte sie sich sehnlichst, einmal ein Haus zu besitzen, in dem sich eine Eiskonditorei befindet. Ihre Mutter erhielt für die Betreuung und für das Einstudieren der Filmrollen ihrer Tochter ein Gehalt, durfte aber nicht mehr über ihr Kind bestimmen und sogar nicht mehr mit ihm ausgehen.

Übereifrige Souvenirjäger schnitten Shirley einmal mit der Schere einige Locken ihrer goldenen Haarpracht ab. Deswegen mussten die Dreharbeiten bis zum Nachwachsen der Locken ruhen. Wie beliebt die Kleine war, kann man auch daran ablesen, dass sie innerhalb einer Woche etwa 800 Einladungen zu Geburtstagsfeiern bekam, denen sie unmöglich allen folgen konnte.

Bei „Lloyds" in London wurde für die siebenjährige Shirley Temple eine Lebensversicherung abgeschlossen. Der Vertrag sah aber vor, dass „Lloyds" nicht zahlen würde, wenn Shirley im Rausch den Tod oder eine Verletzung erleiden würde.

Zusammen mit dem berühmten Schauspieler und Tänzer Bill „Bojangles" Robinson (1878–1949) tanzte

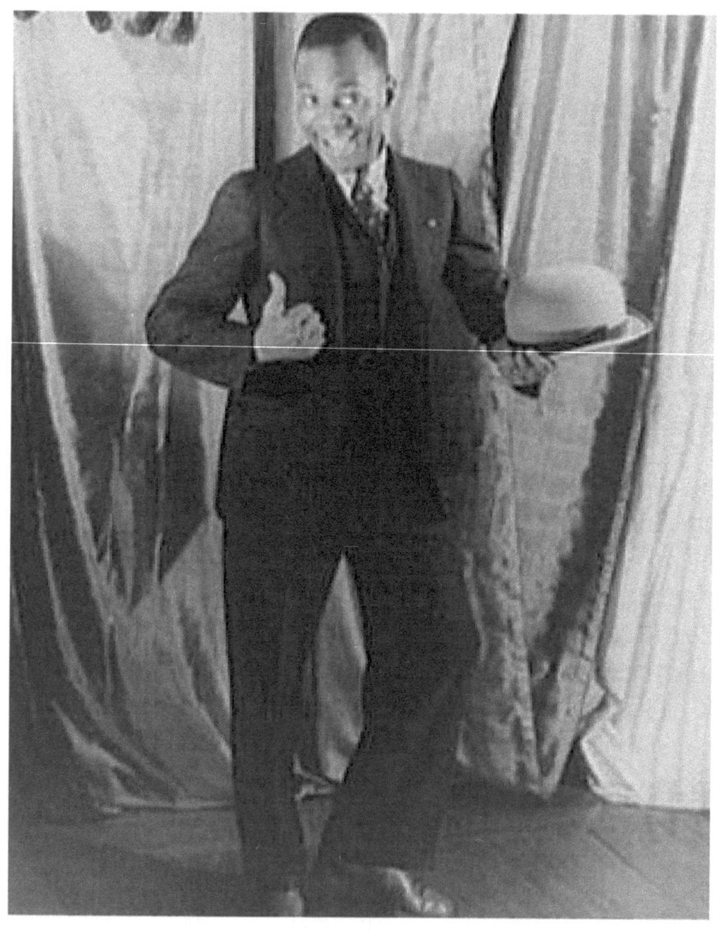

Bill „Bojangles" Robinson (1878–1949)

Shirley Temple in mehreren Filmen wie „The Little Colonel" („Oberst Shirley", 1935), „Rebecca of Sunnybrook Farm" (1938) und „Just Around The Corner" (1938), aber auch mit anderen Tanzpartnern. Weil Robinson Afroamerikaner war, mussten im rassistisch geprägten Süden der USA jene Szenen, in denen er die weiße Shirley an der Hand hielt, oft herausgeschnitten werden. Shirley Temple und Bill Robinson waren damals das einzige Tanzpaar, das es mit der Bekanntheit des Tanzpaares Fred Astaire (1899–1987) und Ginger Rogers (1911–1995) aufnehmen konnte.

Von 1935 bis 1938 erreichte Shirley Temple in der Rangliste der umsatzstärksten amerikanischen Kinokassenstars den ersten Platz. 1936 erhielt Shirley einen neuen Vertrag von „20th Century Fox". Dieser garantierte ihr mehr als 50.000 US-Dollar pro Film. Mit acht Jahren war sie so berühmt, dass man im Mai 1936 in New York City einen neuen Wolkenkratzer nach ihr als „Shirley-Temple-Building" bezeichnete und ihr für die Verwendung ihres Namens 8.000 US-Dollar zahlte. 1937 erzielte die neunjährige Shirley mit 307.014 US-Dollar das siebthöchste Jahreseinkommen in den USA und rangierte damit noch vor dem Präsidenten der Automobilfirma „General Motors". Hinzu kamen allmonatlich Werbeeinnahmen von 30.000 US-Dollar. Neben Freddie Barholomew (1924–1992), Jackie Cooper (1922–2011), Deanna Durbin (geboren 1921) gehörte Shirley Temple zu den am meisten verdienenden Kinderstars.

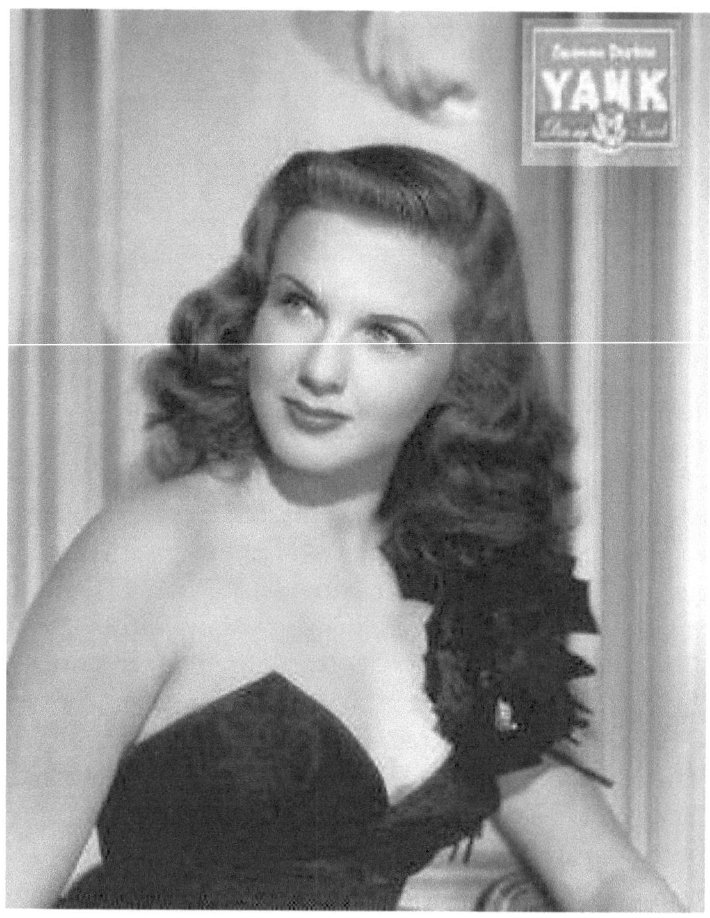

Deanna Durbin

Als Elfjährige besaß sie bereits ein Vermögen von mehr als drei Millionen US-Dollar. Erst 1939 rutschte sie in der Rangliste der umsatzstärksten Kinokassenstars in den USA auf den fünften Platz ab.

Indien ist der Schauplatz des Films „Wee Willie Winkie" („Rekrut Willie Winkie", 1937), in dem Shirley Temple in die britische Armee eintritt, deren Wahlspruch lautet: „Fürchte Gott, ehre die Königin, schieß genau und bleib sauber". Mit einem Holzgewehr bewaffnet reitet sie zu indischen Rebellen am Khaiber-Pass und überredet sie, Frieden zu schließen. Wegen dieses Streifens beschuldigte der britische Filmkritiker Graham Green (1904–1991) das Studio „20th Century Fox", es würde Shirley zu „unmoralischen Zwecken" ausbeuten, was ihm eine Geldstrafe von 3.500 Pfund einbrachte.

Neben „Wee Willie Winkie" war „Heidi" (1937) in jenem Jahr ein weiterer großer Kinoerfolg für Shirley Temple. Der Kinderstar stellte darin die Heidi aus dem gleichnamigen Roman von Johanna Spyri (1827–1901) dar. Dabei sträubte sie sich dagegen, dass eine Filmszene beim Ziegenmelken von einem Jungen im Mädchenkleid gedoubelt wurde.

Mit dem liebreizenden Kindergesicht von Shirley Temple wurde in den USA für zahlreiche Produkte wie Seife, Shampoo oder Waschmittel geworben. Viele amerikanische Mädchen spielten mit der so genannten Shirley-Temple-Puppe, die das Kleid anhatte, das Shirley in dem Film „Stand Up and Cheer" trug.

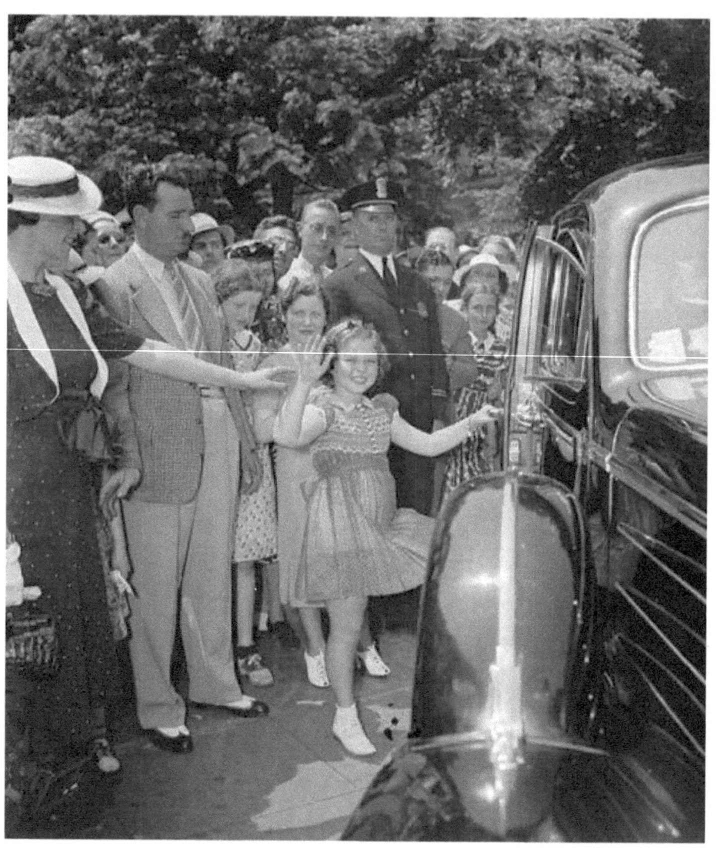

*Shirley Temple im Alter von zehn Jahren
am 24. Juni 1938 nach einem Besuch im „Weißen Haus"
bei US-Präsident Franklin D. Roosevelt (1882–1945).
Ihm erzählte sie, dass sie in der Nacht zuvor
einen Zahn verloren habe.*

Bereits im Kindesalter hatte Shirley Temple keinerlei
Probleme damit, zusammen mit berühmten Schauspielern wie Lionel Barrymore (1878–1954), Alice Faye
(1915–1998), Jack Holt (1888–1951), Gary Cooper (1901–
1961) und Jean Hersholt (1886–1956) vor der Film-
kamera zu stehen. Bei Dreharbeiten stahl sie vielen
erwachsenen Filmstars die Schau. Oft erschien sie reifer
als die Erwachsenen um sie herum. Ihr langjähriger
Studioboss Darryl F. Zanuck (1902–1979) schwärmte
von ihr: „Sie ist das achte Weltwunder".
Auch der amerikanische Präsident Franklin D. Roosevelt (1882–1945), auf dessen Schoß Shirley im Kindesalter saß, war von ihrem Charme begeistert. Von ihm
stammt der Ausspruch. „So lange unser Land Shirley
Temple hat, wird alles gut". Er dankte ihr dafür, dass sie
Amerika mit einem Lächeln durch die Zeit der so
genannten Depression führe. Shirley selbst kommen-
tierte ihre Wirkung auf die Zuschauermassen später
mit folgenden Worten: „Wenn die Stimmung der Leute
in den Depressionsjahren ganz unten ist, kann man für
15 Cent ins Kino gehen und das lachende Gesicht eines
Kindes sehen, das einem die Sorgen vergessen hilft. Ist
das nicht wundervoll?"
In den ersten Jahren der Weltwirtschaftskrise befand
sich das Filmstudio „20th Century Fox" noch in
ernsthaften finanziellen Schwierigkeiten. Doch auf
dem Höhepunkt der Filmkarriere von Shirley Temple
zwischen 1935 bis 1938 trugen die Einnahmen an den

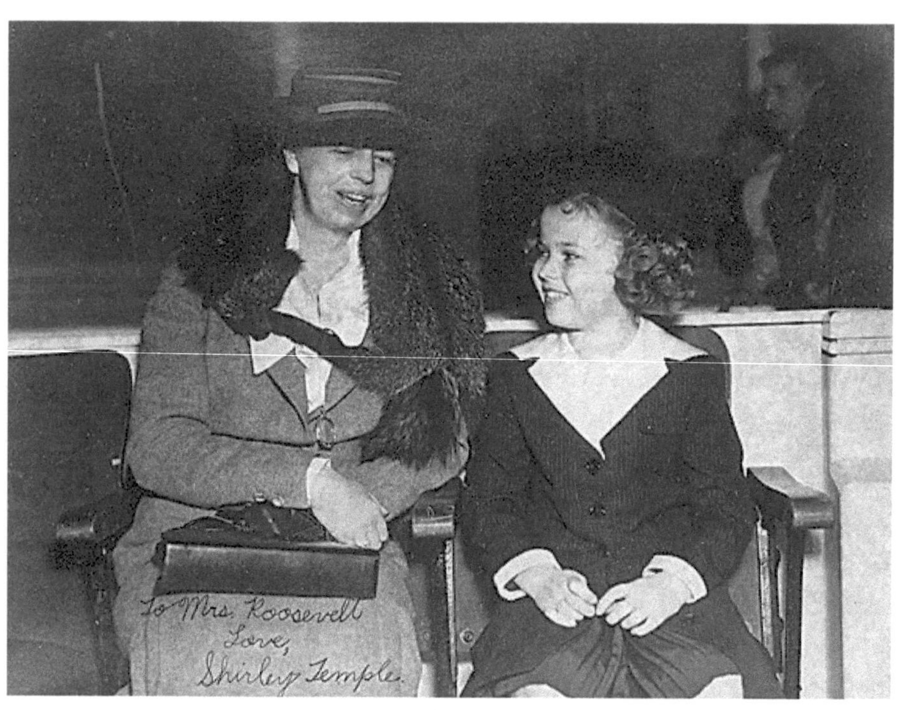

*Präsidentengattin Eleanor Roosevelt (1884–1962)
und Shirley Temple im Sommer 1938*

Kinokassen durch sie dazu bei, dass „20th Century Fox" ein großes Filmstudio wurde. Von den insgesamt drei Millionen US-Dollar, die „20th Century Fox" mit Shirley einnahm, flossen nur 45.000 US-Dollar auf ihr Treuhandkonto.

Kurze Zeit dachte man daran, Shirley Temple die Hauptrolle in dem Film „The Wizard of Oz" („Der Zauberer von Oz", 1939) anzuvertrauen. Darin hätte sie das kleine Mädchen Dorothy spielen sollen, das sein Heil über dem Regenbogen sucht und den Zauberer finden möchte. Doch dann stellte man fest, dass ihr Gesang den hohen Anforderungen nicht genügen würde. Schließlich ergatterte Judy Garland (1922–1969) diese Rolle und sang das rührende Lied „Over the Rainbow".

Als letzter großer künstlerischer Erfolg für Shirley Temple gilt der Film „The Little Princess" („Die kleine Prinzessin", 1939). Hierfür klotzte der „Fox"-Boss Darryl F. Zanuck, der bisher kaum mehr als 300.000 US-Dollar in einen Temple-Film investiert hatte, mit einem Budget von 1,5 Millionen US-Dollar. In „The Little Princess" dringt Shirley auf der Suche nach ihrem in Südafrika totgesagten Vater bis zu Queen Victoria (1819–1901) vor und findet mit deren Hilfe ihren Vater in einem Lazarett. Das Wiedersehen zwischen Vater und Tochter bewirkt ein Wunder: Der Vater kann sich wieder erinnern und trotz seiner Verletzung aus dem Rollstuhl erheben und stehend salutieren.

In ihrem letzten profitablen Streifen „Susannah of the Mounties" („Fräulein Winnetou", 1939) für „20th Century Fox" spielt Shirley Temple ein armes weißes Waisenkind. Sie schließt Blutsbrüderschaft mit einem Indianer, verliebt sich in einen Monty-Inspektor, den Randolph Scott (1898–1987) verkörpert, und sorgt für Frieden zwischen Weißen und Rothäuten.

Erste Flops in der Filmkarriere von Shirley Temple waren „The Blue Bird" („Der blaue Vogel", 1940) und „Young People" (1940). Shirley war damals zwölf Jahre alt und ihre Popularität schwand mit Beginn ihrer Pubertät zunehmends. Anscheinend wollten ihre Fans nicht wahrhaben, dass sie erwachsen wurde. Nach Streitigkeiten mit dem Management von „20th Century Fox" wechselte Shirley zunächst 1940 zu „MGM" und später 1942 zu „United Artists". Bei „MGM" entstand der Filme „Kathleen" („Papa braucht eine Frau", 1941) und bei „United Artists" der Streifen „Miss Annie Rooney" (1942).

Shirley Temple empfand ihre Teenagerzeit als glückliche Jahre. Von 1940 bis 1945 besuchte sie die „Westlake School for Girls" in Los Angeles. Es heißt, sie habe ihre berühmten Locken ausgebürstet, sich an Tanzveranstaltungen („Sock hops") an der High School, an Limonaden und sogar an Hausaufgaben erfreut. Westlake erschien ihr wie eine Türklinke zu einer anderen Welt. Angeblich bei einem Badeausflug im Jahre 1943 begegnete die 15 Jahre alte Shirley Temple dem 22-

jährigen braungebrannten Luftwaffen-Unteroffizier John Agar (1921–2002). Dabei verliebte sich die 1,57 Meter große Shirley in den 1,85-Meter-Mann. Nach einer anderen Version sollen sich beide erst 1945 bei einer Party in Hollywood begegnet sein, zu der Agar einen Freund begleitete.

Gute Kritiken erntete Shirley Temple für ihre Nebenrolle in dem Drama „Since You Went Away" („Als du Abschied nahmst", 1944). In diesem Film über die amerikanische Heimatfront spielte die französische Schauspielerin Claudette Colbert (1903–1996) die Hauptrolle. Claudette Colbert verkörperte die Mutter von Shirley und Jennifer Jones (1919–2009) ihre ältere Schwester. Die Gage von Shirley betrug 2.200 US-Dollar pro Woche.

Am 19. September 1945 heiratete die 17-jährige Shirley Temple ihren 24-jährigen Freund John Agar. In der Hochzeitsnacht beklagte ihr Bräutigam, dass sie nicht mehr Jungfrau war, wie sie ihm gesagt hatte. Shirley erklärte, ein Arzt habe ihr drei Tage zuvor den Nachweis ihrer Jungfräulichkeit entfernt. Bald darauf tanzte Agar im Beisein seiner jungen Ehefrau mit einem langbeinigen Model und gab ihm einen leidenschaftlichen Kuss. Auf dem Heimweg erklärte er Shirley ungalant, er habe schon immer ein langbeiniges Modell heiraten wollen und nicht so eine wie sie.

Zusammen mit Cary Grant (1904–1986) und Myrna Loy (1905—1993) stand Shirley Temple für „The

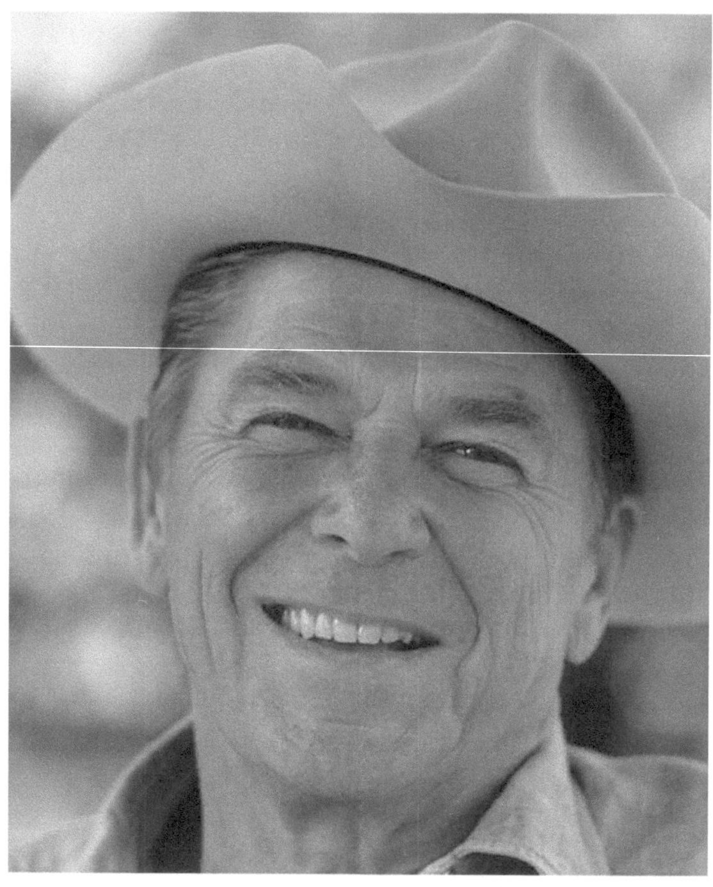

US-Präsident Ronald Reagan (1911–2004)

Bachelor and the Bobby Soxer" („So einfach ist die Liebe nicht", 1947) vor der Kamera. In „That Hagen Girl" (1947) spielte außer der 19-jährigen Shirley der damals 36 Jahre alte Schauspieler Ronald Reagan (1911–2004) mit, der später in der Politik eine große Karriere machte. Von 1967 bis 1975 war Reagan der 33. Gouverneur von Kalifornien und von 1981 bis 1989 der 40. Präsident der USA.

John Agar, der auffallend gut aussehende Ehegatte von Shirley Temple, wurde oft gefragt, ob er eine Filmkarriere machen wolle. Anfangs verneinte er dies und erklärte, ein Star in der Familie sei genug. Doch eines Tages gab ihm der Filmproduzent David O. Selznick (1902–1965) einen Vertrag, der ihm 150 US-Dollar pro Woche garantierte, und schickte ihn auf eine Schauspielschule. Auch Shirley unterrichtete John im Schauspielern. Agar trat zusammen mit Shirley Temple, John Wayne (1907–1979) und Henry Fonda (1905–1982) in „Fort Apache" („Bis zum letzten Mann", 1948) und in „Aventure in Baltimore" (1949) auf. In „Fort Apache" spielte Agar einen Soldaten, der sich in die Tochter eines Offiziers, die von Shirley gespielt wurde, verliebte. Shirley kassierte für diesen Streifen eine Gage von 110.000 US-Dollar. Im Laufe seines Lebens wirkte Agar in mehr als 90 Filmen mit, vor allem in Western und Kriegsfilmen.

Aus der Ehe von Shirley Temple mit John Agar ging die am 30. Januar 1948 geborene Tochter Linda Susan

Agar hervor. Für dieses Kind spendeten die Fans der Schauspielerin in den USA eine so große Menge an Babywäsche, dass davon auch das europäische Hilfswerk profitierte. Shirley Temple galt damals als „süßeste Mutter Amerikas". In Schränken und Schaukästen bewahrte sie etwa 1.500 Puppen auf, die ihr von Verehrern/innen geschenkt worden sind.

Die erste Ehe von Shirley Temple mit John Agar wurde bereits am 5. Dezember 1950 geschieden. Shirley waren der reichliche Alkoholkonsum ihres Gatten und dessen zahlreiche Flirts mit anderen Frauen zu viel geworden.

Im Hamburger Nachrichten-Magazin „Der Spiegel" konnte man am 15. April 1949 lesen, Shirley Temple habe neben Jennifer Jones und anderen Hollywood-Prominenten auf einer Auktionsliste gestanden. Damals wollte der unabhängige Produzent David O. Selznick endgültig aus dem Filmgeschäft ausscheiden. Deswegen bot er sein Studio mit sämtlichem lebenden und unbeweglichen Inventar zur Versteigerung an. Die Stars wurden für mehrere Millionen US-Dollar von „Warner Brothers" übernommen.

Im Alter von 21 Jahren kehrte Shirley Temple nach ihrem 42. Film „A Kiss for Corliss" (1949) der Kinoleinwand den Rücken. Ihre ungewöhnliche Karriere war damit beendet. Mit 22 erklärte die einmal geschiedene Ehefrau und Mutter einer Tochter im August 1950, sie wolle Krankenpflege erlernen. Falls es mit dem Filmen nicht mehr klappe, wolle sie einen Ausweichberuf haben.

Bei einem Urlaub auf Hawaii lernte die geschiedene Shirley Temple in Honolulu den Leiter einer kalifornischen Elektrofirma und Republikaner, Charles Alden Black senior (1919–2005), kennen und verliebte sich in ihn auf den ersten Blick. Black hatte zuvor noch nie einen Film mit Temple gesehen, was Shirley freute. Um auf „Nummer sicher" bezüglich ihres Verehrers zu gehen, wandte sich Shirley an ihren alten Freund John Edgar Hoover (1895–1975), den Gründer und Direktor des „Federal Bureau of Investigation" („FBI") und bat ihn, den persönlichen Hintergrund von Black überprüfen zu lassen.

Black war zweifellos ein tüchtiger und honoriger Mann. Im Zweiten Weltkrieg lenkte er Torpedoboote hinter feindlichen Linien. Nach dem Krieg wurde er ein Pionier in der maritimen Industrie und machte sich um Aquakultur und Ozeanographie verdient. Er betrieb Austernzucht am Pigeon Point in Kalifornien. Seine Firma „Marquest Group" in Massachusetts entwickelte unbemannte Such- und Rettungssysteme. In seiner Freizeit war er ein erfolgreicher Segler, der sich zweimal mit einer Crew am transpazifischen Rennen beteiligte.

Elf Tage nach der Scheidung ihrer ersten Ehe mit John Agar schloss Shirley Temple am 16. Dezember 1950 ihre zweite Ehe mit Charles Alden Black senior. Ab

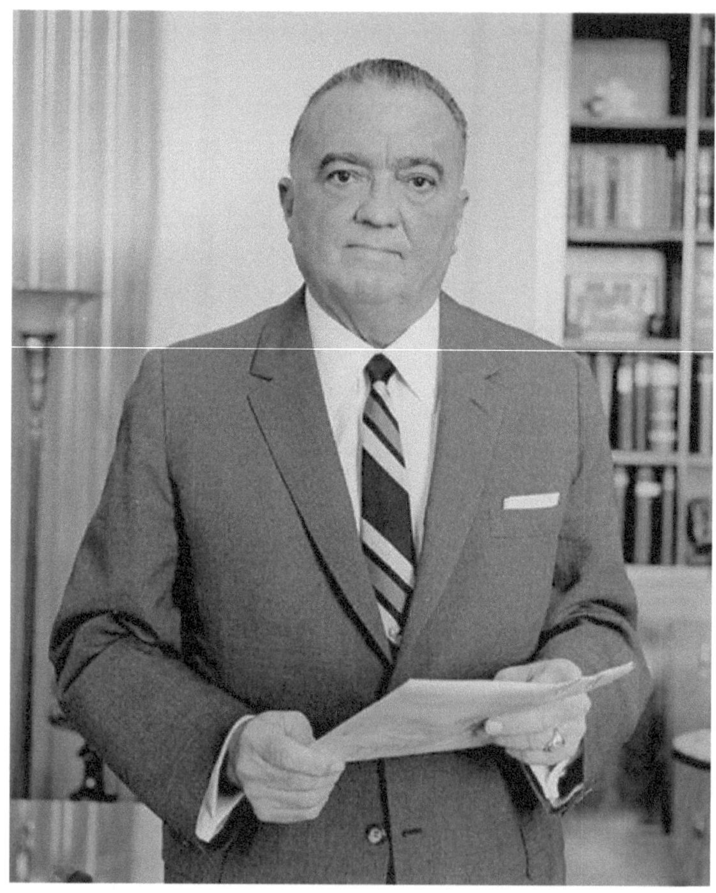

„FBI"-Direktor John Edgar Hoover (1895–1975)

dieser Zeit hieß sie Shirley Temple Black. Aus dieser Ehe stammen der am 28. April 1952 geborene Sohn Charles Alden Black junior und die am 9. April 1954 zur Welt gekommene Tochter Lori Black. Im Gegensatz zu ihrem ersten Kind Linda Susan wurden diese beiden Kinder wurden per Kaiserschnitt entbunden.

Ab 1952 litt George Francis Temple junior, der Bruder von Shirley, an Multipler Sklerose (MS). Dies ist eine entzündliche Erkrankung des Nervensystems, die ganz unterschiedlich verlaufen kann und meist im frühen Erwachsenenalter beginnt. Sie wird von den Ärzten oft auch Enzephalomyelitis disseminata (ED) genannt. Dabei handelt es sich um eine im Gehirn und Rückenmark verstreut auftretende Entzündung. MS-Erkrankte können zum Beispiel Kribbelmissempfindungen verspüren, vermehrt stolpern oder Schwierigkeiten beim Sehen bekommen.

Hollywood sei eine „Amüsier-Maschine", die jede Persönlichkeit töte, kritisierte Shirley Temple Black im November 1952 in der amerikanischen Filmzeitschrift „Modern Screen". Die Filmproduzenten seien „widerliche alte Männer", die nur dann eine Schauspielerin groß machten, wenn sie sich ihren Wünschen gefügig zeige. Sie selbst habe sich aber mit keinem dieser Leute eingelassen, weswegen der amerikanische Film nichts mehr von ihr wissen wolle, erklärte die Methodistin. Andererseits gab sie zu, dass sie künstlerisch nicht zur ersten Garnitur gehöre.

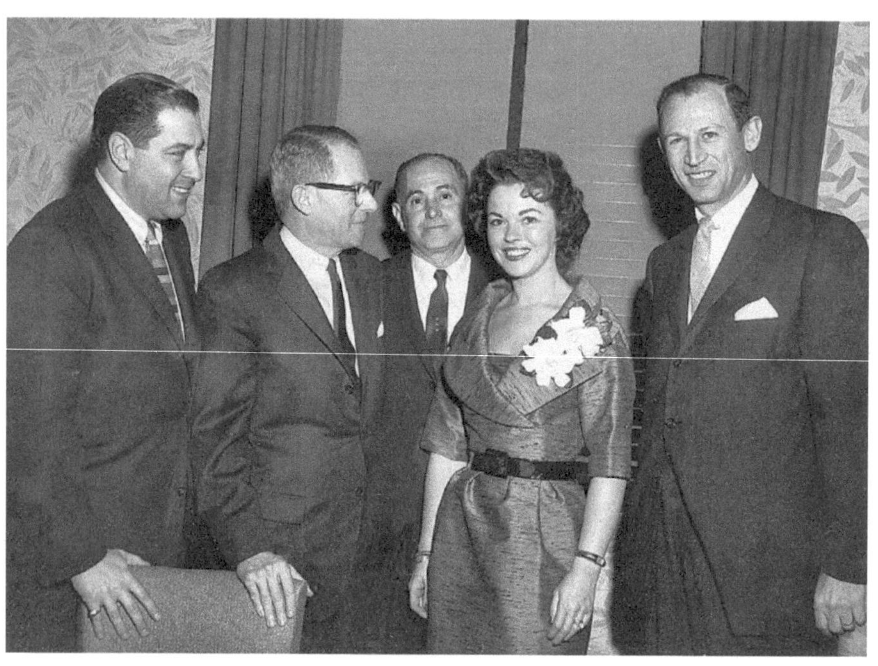

Shirley Temple (zweite von rechts)
bei einem Termin im Jahre 1959
in Los Angeles (Kalifornien)

Im Januar 1953 berichtete die Presse, Shirley Temple Black beschuldige den Lehrkörper der „Honeywell School" bei Washington, ihre vierjährige Tochter Linda Susan aus erster Ehe kommerziell ausgebeutet zu haben. Das kleine Mädchen war im Dezember 1952 in einem Krippenspiel des Schul-Kindergartens aufgetreten. Die in Hollywood lebende Mutter von Linda Susan hatte von diesem Auftritt durch die Presse erfahren, die in großer Aufmachung über das „Bühnendebüt der Tochter Shirley Temples" berichtete. Zur Erinnerung: Shirley selbst hatte bereits mit drei Jahren ihre erste Filmrolle gespielt.

Auch auf dem Fernsehbildschirm war Shirley Temple Black sehr erfolgreich. 1958/1959 moderierte sie für „ABC" die Fernsehserie „Shirley Temple's Story Book" und 1960/1961 für „NBC" die TV-Serie „The Shirley Temple Theatre". Die Filmdatenbank „Internet Movie Database" („IMDb") erwähnt rund 30 Auftritte von Shirley im Fernsehen.

Einem Museum in Los Angeles (Kalifornien) schenkte Shirley Temple Black im Dezember 1960 ihre große Puppen-Sammlung. Diese Puppen waren ihr im Laufe ihrer Filmkarriere von begeisterten Fans aus aller Welt geschenkt worden. Die Puppensammlung von Shirley hatte einen Wert von umgerechnet schätzungsweise 200.000 Mark, hieß es.

Zusammen mit ihrem Ehemann Charles Alden Black senior reiste Shirley Temple Black im April 1965 nach

Moskau, um dort mit russischen Nervenärzten über Heilverfahren für den an Multipler Sklerose erkrankten Bruder George Francis Temple junior zu sprechen. Shirley verhandelte auch über eine Zusammenarbeit amerikanischer und russischer Ärzte zur Bekämpfung dieses Nervenleidens. „In den USA leiden 500.000 Menschen an Multipler Sklerose. „Wenn jemand uns helfen kann, dann die Russen", erklärte Shirley.

Im Herbst 1966 kandidierte Shirley Temple Black für die „Republikanische Partei" erfolglos für einen Sitz im Repräsentantenhaus. Sieger wurde damals Pete McCloskey, der liberalere Ansichten vertrat. Shirley forderte 1967 der Vietnam-Krieg solle allein den Militärs überlassen werden, was ihr viel Kritik einbrachte. 1968 betätigte sie sich als Wahlhelferin von Richard Nixon (1913–1994), der sie als US-Präsident Anfang September 1969 zur US-Delegierten in die UN-Vollversammlung bis 1970 bestellte.

Seit ihr Bruder George Francis an Multipler Sclerose erkrankt war, engagierte sich Shirley Temple Black für den Kampf gegen dieses Nervenleiden. Sie betätigte sich in lokalen und nationalen Boards der „National Multiple Sclerosis Societie", als deren Präsidentin sie zeitweise fungierte, und 1967 als Mitbegründerin der „International Federation of Multiple Sclerosis Societies" („MSIF").

Eine merkwürdige Szene spielte sich am Morgen des 21. August 1968 in der Halle des „Alcron Hotel" in

Prag ab. Dort saß damals der deutsche Schriftsteller Heinrich Böll (1917–1985), trank türkischen Kaffee, rauchte eine Zigarette und beobachtete eine lange Menschenschlange, die sich vor der Telexkabine am Empfang gebildet hatte. Inmitten vieler Touristen fiel ihm eine kleine rundliche Frau auf. Dabei handelte es sich um Shirley Temple Black, die unter anderem eine riesige weiße Schleife im braunen Lockenhaar und zitronengelbe Lackstiefel trug. Sie erfüllte geduldig Autogrammwünsche und ließ sich dabei auch nicht stören, wenn Salven aus Maschinengewehren vom Wenzelsplatz zu hören waren und Gäste in der Halle zusammenzuckten.

Von 1970 bis 1972 gehörte Shirley Temple Black dem Präsidium des vorbereitenden Ausschusses für die Stockholmer Konferenz über Umweltschutz an. Im Juni 1972 nahm sie für die USA an der Stockholmer Umweltkonferenz teil. Ab Ende 1972 wirkte sie als Sonderassistentin der amerikanischen Umweltbehörde. Von diesem Amt trat sie im Januar 1974 zurück.

1972 erhielt Shirley Temple Black die traurige Diagnose, sie leide an Brustkrebs. Wegen dieser Krankheit ließ sie ihre linke Brust entfernen. Als eine der ersten Frauen mit internationalem Ruf äußerte sie sich offen über ihre Krankheit und ermunterte davon betoffene Frauen, ebenfalls darüber zu sprechen. In der Folgezeit erhielt sie mehr als 50.000 aufmunternde Briefe.

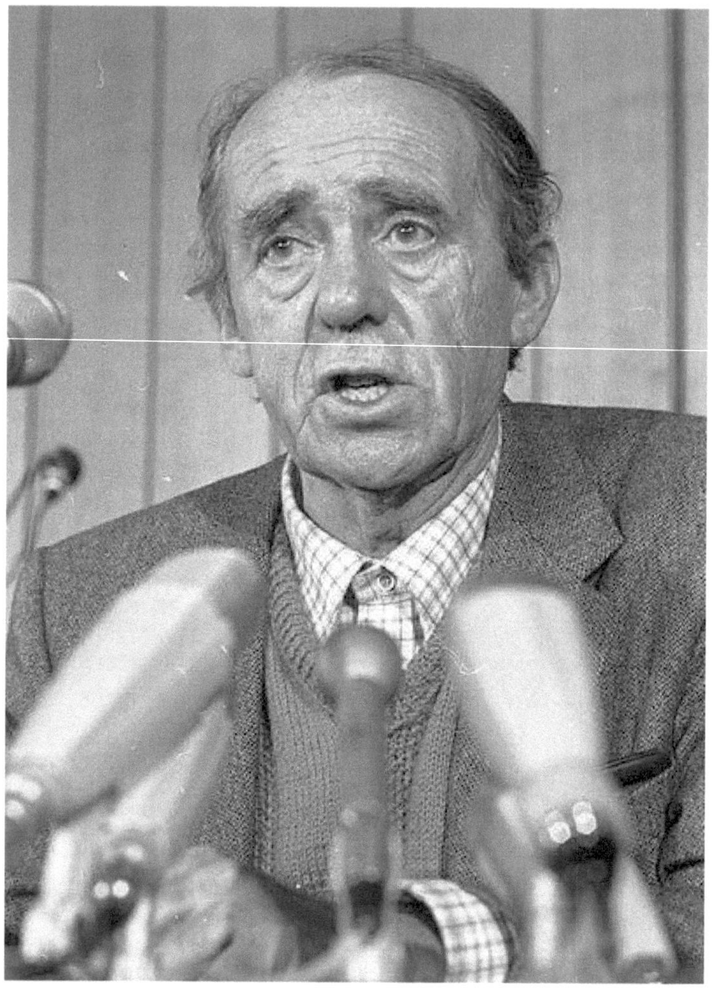

Heinrich Böll (1917–1985)

US-Präsident Gerald Ford (1913–2006) ernannte im August 1974 die damals 46-jährige Shirley Temple Black zur US-Botschafterin in Ghana. Dieses Amt bekleidete sie bis 1976. Die volksnahe Diplomatin reagierte in dem afrikanischen Land spröde darauf, wenn sie auf ihre alten Filme angesprochen wurde. Sie erklärte dann immer, diese Filme seien wohl alle längst in einer Rumpelkammer. In Ghana erwarb sie sich so viele Sympathien, dass die Presse in Tansania argwöhnte, sie sei nur deswegen Botschafterin geworden, um die Führer Ghanas zu betören und sie vom Sozialismus abzulenken. Über die soziale Stellung der ghanaischen Frauen äußerte sie sich bewundernd: „Die Frauen hier haben ein sehr freies Leben. Die Männer denken sich nichts dabei, wenn ihre Ehefrauen im Finanzministerium oder in einer Bank arbeiten oder einen Marktstand besitzen."

Über den Wert von Temple-Filmen war man in der zweiten Hälfte der 1970-er Jahre beim Fernsehen in Europa unterschiedlicher Auffassung. Das kommerzielle englische Fernsehen beispielsweise entschied 1975, in seinem Kinderprogramm keine Temple-Filme mehr zu senden. Dies begründete man damit, diese Filme hätten zu den Kindern der heutigen modernen Zeit keine Beziehung mehr und entsprächen eher dem Nostalgiebedürfnis der Großmütter. Das „Zweite Deutsche Fernsehen" („ZDF") sah das ganz anderes. Es präsentierte im Sommer und Herbst 1976 fünf Temple-

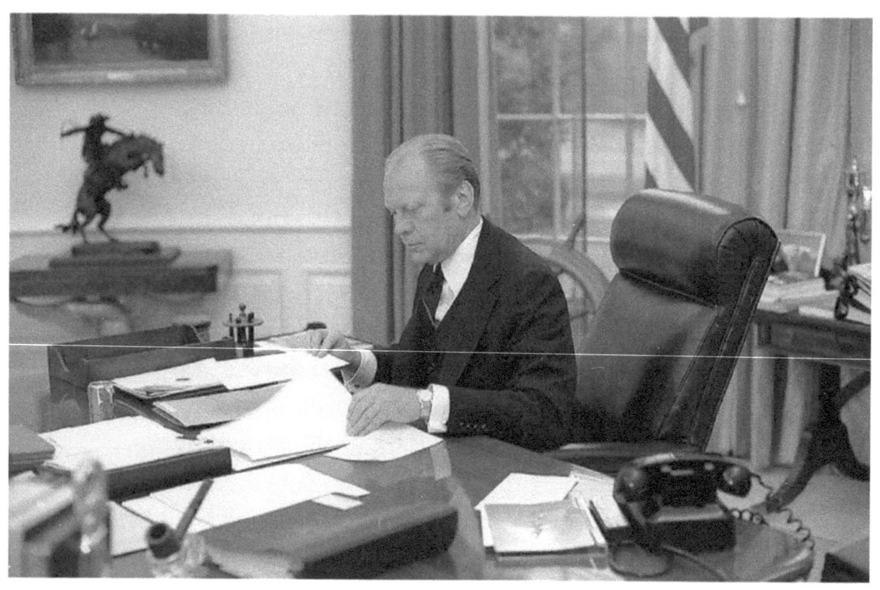

US-Präsident Gerald Ford (1913–2006)

Filme in seinem Familienprogramm. Dem „Spiegel" fiel auf, diese fünf Filme unterschieden sich kaum voneinander. Immer wieder sei Shirley eine Halbwaise, deren Vater im Bürger-, Kolonial- oder Burenkrieg ihren Mann stehe, während sie zuhause tapfer und im unerschütterlichen Glauben an die gerechte Sache ausharre, bis Daddy zurückkehre. Dabei stütze sie die Mutlosen in der Heimat, kämpfe mit den Waffen eines Kindes gegen Unrecht.

Im Alter von 52 Jahren konnte sich Shirley Temple 1980 über die Geburt ihrer Enkelin Theresa Falaschi freuen. Theresa ist die Tochter von Linda Susan Agar Falaschi aus der ersten Ehe von Shirley.

Von August 1976 bis 1977 bekleidete Shirley Temple Black als erste Frau das Amt des Protokollchefs im „Weißen Haus" in Washington. Das Anwesen des „Weißen Hauses" kannte sie bereits seit ihrer Kindheit. Wie erwähnt, hatte sie dort einst auf dem Schoß von US-Präsident Franklin D. Roosevelt sitzen dürfen.

1981 wurde Shirley Temple Black in Genf Mitglied der US-Delegation für Flüchtlingsprobleme in Afrika. Danach bildete sie im Auftrag des „State Department" (Außenministerium) amerikanische Diplomaten aus. 1988 erschien ihre Autobiografie „Child Star".

Vom Sommer 1989 bis 1992 wirkte Shirley Temple Black als US-Botschafterin in Tschechien. Dies erschien der Antikommunistin Temple als eine ihrer schwie-

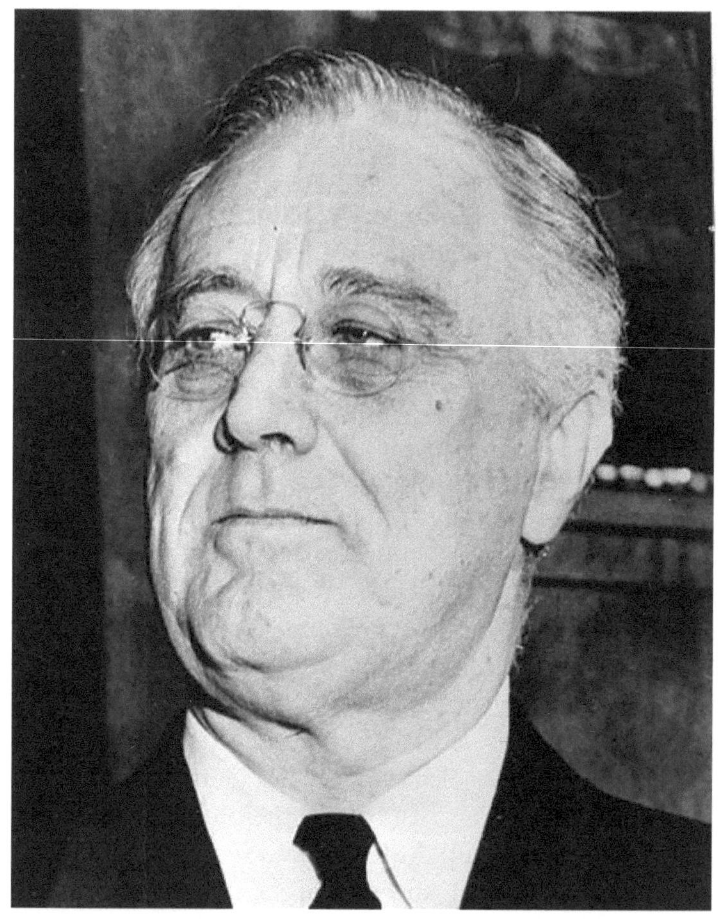

US-Präsident Franklin D. Roosevelt (1882–1945)

rigsten Aufgaben als Diplomatin. Nach Tschechien wurde sie von ihrem Ehemann Charles Alden Black senior begleitet. Das Ehepaar Black wollte Tschechisch lernen, um Land und Leute besser zu begreifen. Der Arbeitstag von Shirley in Prag begann – wie sie es von jeher gewohnt ist – jeweils früh um 5.30 Uhr.

Als Shirley Temple Black dem tschechoslowakischen Präsidenten Gustav Husak (1913–1991) ihr Beglaubigungsschreiben als Botschafterin der USA überreichte, verwendete sie ihre ersten in einem Intensivkurs gelernten tschechischen Sätze. Husak lobte sie deswegen, nannte sie „Shirleyka" und betonte, seine verstorbene Ehefrau und er hätten immer gern ihre Filme angesehen.

In der Tschechoslowakei wurde Shirley Temple zur Augenzeugin der so genannten „Samtenen Revolution". Dramatische Augenblicke erlebte die 61-jährige Botschafterin, als sie 1989 zu einer Demonstration zum 71. Jahrestag der Gründung der tschechoslowakischen Republik auf den Wenzelsplatz in Prag ging. Die Polizei jagte damals mit Knüppelhieben Teilnehmer dieser Demonstration. Als Shirley hinter einer Plakatwand Schutz suchte, rannten ihr zwei Prager hinterher. Diese Beiden entpuppten sich aber nicht als Geheimpolizisten und baten sie nicht um ihren Ausweis, sondern um Autogramme, was sie prompt erfüllte. Später erklärte Temple, ihre Kindheit in Hollywood habe sie auf alle Lebenslagen vorbereitet. Bereits in dem 1937 gedrehten

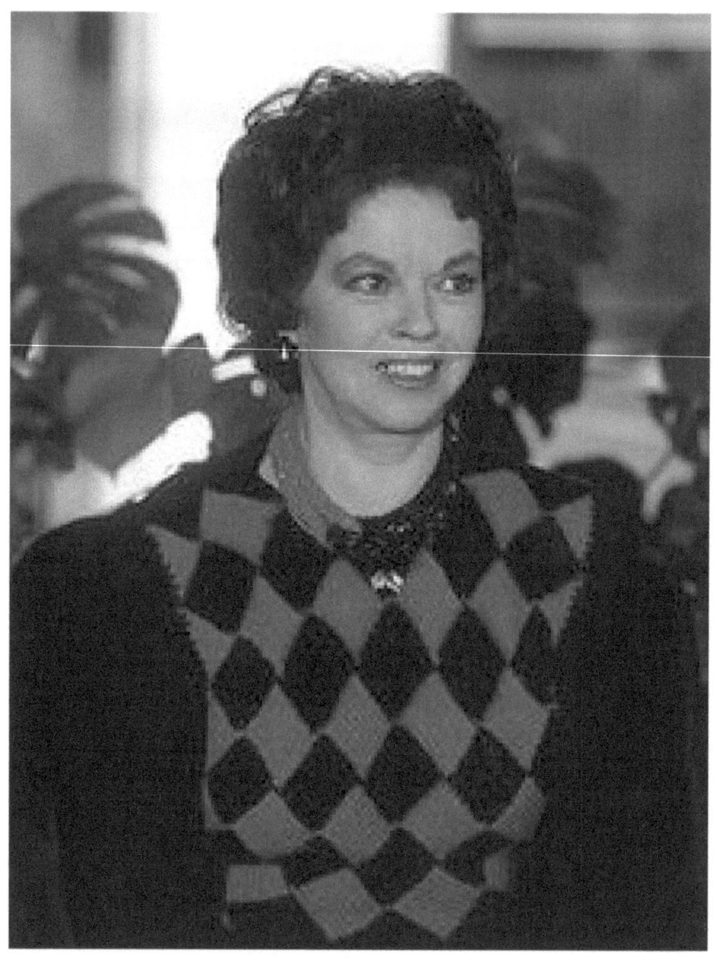

*US-Botschafterin Shirley Temple
im Oktober 1990 in Prag*

Film „Wee Willie Winkie" sei sie Prügelpolizisten entgegengetreten.

Die Kinder von Shirley Temple Black wurden als Erwachsene in verschiedenen Bereichen aktiv. Die Tochter Linda Susan aus der ersten Ehe mit John Agar arbeitete als Bibliothekarin in einer High School. Der Sohn John Charles Alden Black junior aus der zweiten Ehe wurde – wie sein Vater – ebenfalls Geschäftsmann.

Die Tochter Lori Alden Black betätigte sich als Fotografin sowie in den 1980-er Jahren unter dem Künstlernamen „Lorax" als Bassgitarristin bei „Clown Alley" und „Melvins".

Nach 54-jähriger Ehe starb am 4. August 2005 Charles Alden Black senior, der zweite Ehemann von Shirley Temple Black, in Woodside (Californien). Er erlag im Alter von 86 Jahren einer Knochenmark-Krankheit. Auch nach dem Tod ihres Gatten ließ die Witwe seine Stimme auf dem Anrufbeantworter ihres Telefons. Sie wolle diese niemals löschen, erklärte sie.

2005 erhielt Shirley Temple Black die Auszeichnung der Filmschauspielergewerkschaft, den „Screen Actors Guild Live Achievement Award". Im selben Jahr wählte das „Premiere Magazine" sie unter den größten Kinostars aller Zeiten auf Platz 33. Das „American Film Institute" reihte sie auf Platz 18 der 50 größten Filmlegenden ein. Auf dem „Hollywood Walk of Fame" hat man ihr einen Stern gewidmet. An sie erinnert auch der aus Ginger Ale, Orangensaft, einer Maraschino-

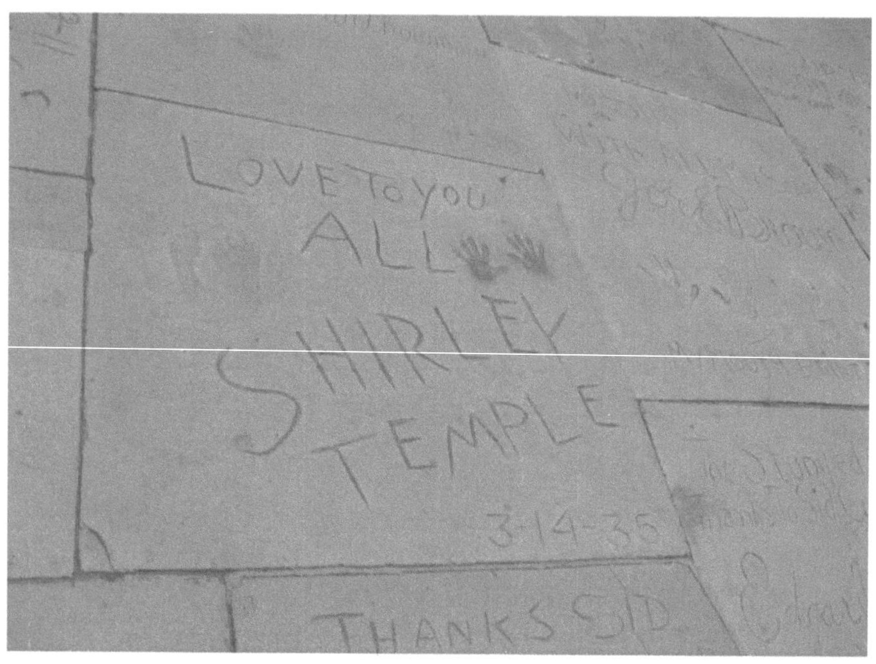

*Hand- und Fußabdrücke von Shirley Temple von 1935
vor dem Kino „Grauman's Chinese Theatre" in Hollywood*

Kirsche und einer Zitronenscheibe bestehende Cocktail „Shirley Temple". Es ist nahezu unmöglich, die Aktivitäten von Shirley Temple Black in unterschiedlichen Bereichen lückenlos aufzulisten. Bereits während der 1950-er Jahre hatte die Mutter von drei Kindern in regionalen Ausschüssen, in Verwaltungen von Schulen und Krankenhäusern, gearbeitet. Dieses Engagement ist auch später nicht erlahmt, was sich in einer wachsenden Zahl von Ämtern und Mitgliedschaften in Politik und Wirtschaft niederschlug.

Filme von Shirley Temple

(Auswahl)

1932: Kid's Last Stand
1932: Runt Page, nicht im Abspann erwähnt
1932: War Babies
1932: Red Haired Alibi
1932: The Pie-Covered Wagon
1932: New Deal Rhythm, nicht im Abspann erwähnt
1933: Glad Rags to Riches
1933: Kid in Hollywood
1933: Out All Night
1933: The Kid's Last Fight
1933: Polly Tix in Washington
1933: Dora's Dunking Doughnuts
1933: To the Last Man, nicht im Abspann erwähnt
1933: Kid in Africa
1933: Merrily Yours
1933: What's to Do?
1934: Pardon My Pups
1934: Carolina, nicht im Abspann erwähnt
1934: Im Paradies der Sünden (Mandalay)
1934: As the Earth Turns, nicht im Abspann erwähnt
1934: Managed Money
1934: Wir senden Sonne (Stand Up and Cheer)

1934: Change Of Heart
1934: Die Glückspuppe (Little Miss Marker)
1934: Now I'll Tell
1934: Shirley's großes Spiel (Baby Take a Bow)
1934: Treffpunkt: Paris! (Now and forever)
1934: Lachende Augen (Bright Eyes)
1935: Oberst Shirley (The Little Colonel)
1935: Unser kleines Mädel (Our Little Girl)
1935: Lockenköpfchen (Curly Top)
1935: Der kleine Rebell (The Littlest Rebel)
1936: Shirley Ahoi! (Captain January)
1936: Süßer kleiner Fratz (Poor Little Rich Girl)
1936: Sonnenmädel (Dimples)
1936: Sonnenscheinchen (Stowaway)
1937: Rekrut Willie Winkie (Wee Willie Winkie)
1937: Heidi
1938: Shirley auf Welle 303 (Rebecca of Sunnybrook
Farm)
1938: Little Miss Broadway
1938: Just Around The Corner
1939: Die kleine Prinzessin (The Little Princess)
1939: Fräulein Winnetou (Susannah of the Mounties)
1940: Der blaue Vogel (The Blue Bird)
1940: Young People
1941: Papa braucht eine Frau (Kathleen)
1942: Miss Annie Rooney
1944: Als du Abschied nahmst (Since You Went
Away)

1944: Ich werde dich wiedesehen (I'll Be seeing You)
1945: Küß und verschweig mir nichts (Kiss and Tell)
1947: Honeymoon
1947: So einfach ist die Liebe nicht (The Bachelor
and the Bobby-Soxer)
1947: That Hagen Girl
1948: Bis zum letzten Mann (Fort Apache)
1949: Adventure in Baltimore
1949: Herr Belvedere kann alles besser (Mr. Belvedere
Goes To College)
1949: The Story Of Seabiscuits
1949: A Kiss For Corliss

Quelle: Wikipedia und Internet Movie Database

Literatur

FEMBIO Frauen-Biographie-Forschung
http://www.fembio.org
HEINZLMEIER, Adolf / SCHULZ, Bernd / WITTE, Karsten: Die Unsterblichen des Kinos, Band 2, Glanz und Mythos der Stars der 40er und 50er Jahre, Frankfurt am Main 1980
INTERNET MOVIE DATABASE
(Film-Datenbank)
http://www.imdb.com
LIETZMANN, Sabina: Die Karriere der Shirley Temple Black. Das ehemalige Filmkind ist heute Chef des Protokolls in den UN. Frankfurter Allgemeine Zeitung, 4. Februar 1977, Frankfurt am Main
OFFICIAL SHIRLEY TEMPLE WEBSITE
http://www.shirleytemple.com
PROBST, Ernst: Superfrauen 7 – Film und Theater, Mainz-Kostheim 2001
PROBST, Ernst: Königinnen des Films, München 2012
PUBLIKUMSLIEBLINGE NICHT NUR VON GESTERN http://www.steffi-line.de
Internetseite von Stephanie D'heil, Düsseldorf
SPIEGEL ONLINE http://www.spiegel.de

WIKIPEDIA (Online-Lexikon)
http://wikipedia.org
WINNERT, Derek (Herausgeber): Shirley Temple. Aus:
Kino. Die große Welt der Filme und Stars, S. 167, Nie-
dernhausen 1995

Bildquellen

Klaus Benz, Fotograf, Mainz-Laubenheim: 58
Bibliothèque nationale de France (Foto von Agence Meurisse von 1928): 14
Bundesarchiv, B 145 Bild-F062164-0004 / Hoffmann, Harald / CC-BY-SA: 38 (via Wikimedia Commons), lizensiert unter CreativeCommons-Lizenz by-sa-3.0-de
http://creativecommons.org/licenses/by-sa/3.0/de/legalcode
Gerald R. Ford Presidential Library & Museum, Grand Rapids (Foto von Karl Schumacher von 1976): 40
Library and Archives Canada (Foto vom 21. Oktober 1944): 1, 6
Library of Congress, Prints and Photographs Division, Farm Security Administration – Office of War Information Photograph Collection, Washington (Foto vom März 1942): 42
Library of Congress, Prints and Photographs Division, George Grantham Bain Collection, Washington: 10
Library of Congress, Prints and Photographs Division, Harris & Ewing Collection, Washington (Foto von Harris & Ewing vom 24. Juni 1938): 22

Library of Congress, Prints and Photographs Division, News & World Report, Washington (Foto von Marion S. Trikosko vom 28. September 1961): 32
Library of Congress, Prints and Photographs Division, Washington (Foto des Autors und Fotografen Carl van Vechten (1880–1964) vom 25. Januar 1933): 18
Metro-Goldwyn-Mayer (Publicity still released by MGM): 8
mollyh61398: 46 (via Wikimedia Commons), lizensiert unter CreativeCommons-Lizenz by-2.0-de
http://creativecommons.org/licenses/by/2.0/legalcode
David S. Nolan, U.S. Air Force (Foto vom 25. Oktober 1900): 44
National Archives and Records Administration
(Foto vom Juli 1938): 24
(Foto von 1976): 28
Reproduktion eines Porträts des ungarischen Malers Philip Alexius de Làszló (1869–1937) von 1933: 16
Rbbloom/CC-BY-SA3.0: 34 (via Wikimedia Commons), lizensiert unter CreativeCommons-Lizenz by-
http://creativecommons.org/licenses/by-sa/3.0/legalcode
Yank, the Army weekly (Foto vom 19. Januar 1945): 20

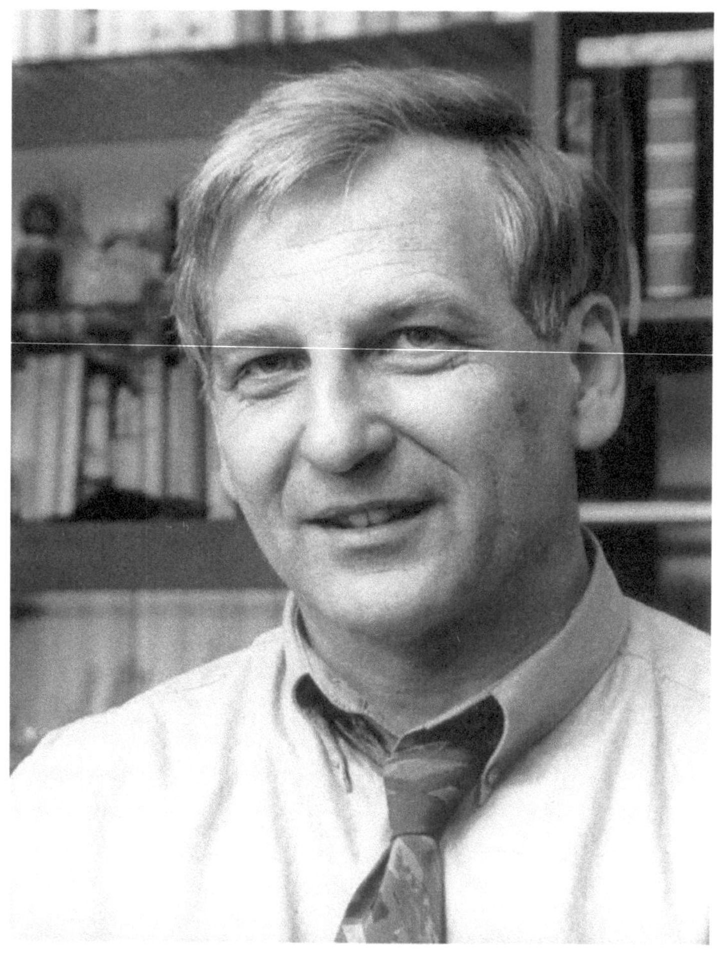

Autor Ernst Probst

Der Autor Ernst Probst

Ernst Probst, geboren am 20. Januar 1946 in Neunburg vorm Wald im bayerischen Regierungsbezirk Oberpfalz, ist Journalist und Wissenschaftsautor. Er arbeitete von 1968 bis 1971 als Redakteur bei den „Nürnberger Nachrichten", von 1971 bis 1973 in der Zentralredaktion des „Ring Nordbayerischer Tageszeitungen" in Bayreuth und von 1973 bis 2001 bei der „Allgemeinen Zeitung", Mainz. In seiner Freizeit schrieb er Artikel für die „Frankfurter Allgemeine Zeitung", „Süddeutsche Zeitung", „Die Welt", „Frankfurter Rundschau", „Neue Zürcher Zeitung", „Tages-Anzeiger", Zürich, „Salzburger Nachrichten", „Die Zeit", „Rheinischer Merkur", „Deutsches Allgemeines Sonntagsblatt", „bild der wissenschaft", „kosmos", „Deutsche Presse-Agentur" (dpa), „Associated Press" (AP) und den „Deutschen Forschungsdienst" (df). Aus seiner Feder stammen die Bücher „Deutschland in der Urzeit" (1986), „Deutschland in der Steinzeit" (1991) und „Deutschland in der Bronzezeit" (1996). Von 2001 bis 2006 betätigte sich Ernst Probst als Buchverleger sowie zeitweise als internationaler Fossilienhändler und Antiquitätenhändler. Insgesamt veröffentlichte er rund 200 Bücher, Taschenbücher, Broschüren und E-Books.

Bücher von Ernst Probst

(Auswahl)

Als Mainz noch nicht am Rhein lag

Annie Oakley
Die Meisterschützin des Wilden Westens

Archaeopteryx. Der Urvogel
aus Bayern

Christl-Marie Schultes. Die erste Fliegerin in Bayern
(zusammen mit Theo Lederer)

Cortés und Malinche. Der spanische Eroberer
und seine indianische Geliebte

Der Europäische Jaguar

Der Mosbacher Löwe
Die riesige Raubkatze aus Wiesbaden

Der Rhein-Elefant
Das Schreckenstier von Eppelsheim

Der Sögel-Wohlde-Kreis

Die nordische Bronzezeit in Deutschland

Die Hügelgräber-Kultur in Deutschland

Die ältere Bronzezeit in Nordrhein-Westfalen

Die Bronzezeit in der Lüneburger Heide

Die Stader Gruppe

Die Oldenburg-emsländische Gruppe

Die Urnenfelder-Kultur in Deutschland

Die ältere Niederrheinische Grabhügel-Kultur

Die Unstrut-Gruppe

Die Helmsdorfer Gruppe

Die Saalemündungs-Gruppe

Die Lausitzer Kultur in Deutschland

Die Dolchzahnkatze Megantereon

Die Dolchzahnkatze Smilodon

Die Säbelzahnkatze Homotherium

Die Säbelzahnkatze Machairodus

Die Schweiz in der Frühbronzezeit

Die Rhône-Kultur in der Westschweiz

Die Arbon-Kultur in der Schweiz

Die Schweiz in der Mittelbronzezeit

Die Schweiz in der Spätbronzezeit

Dinosaurier von A bis K. Von Abelisaurus
bis zu Kritosaurus

Dinosaurier von L bis Z. Von Labocania
bis zu Zupaysaurus

Eiszeitliche Geparde in Deutschland

Eiszeitliche Leoparden in Deutschland

Frauen im Weltall

Hildegard von Bingen. Die deutsche Prophetin

Höhlenlöwen. Raubkatzen
im Eiszeitalter

Julchen Blasius
Die Räuberbraut des Schinderhannes

Katharina II. die Große.
Die Deutsche auf dem Zarenthron

Johann Jakob Kaup
Der große Naturforscher aus Darmstadt

Königinnen der Lüfte in Deutschland

Königinnen der Lüfte in Europa

Königinnen der Lüfte in Amerika

Königinnen der Lüfte von A bis Z

Rund 70 Kurzbiografien berühmter Fliegerinnen,
Ballonfahrerinnen, Luftschifferinnen,
Fallschirmspringerinnen, Astronautinnen und
Kosmonautinnen

Königinnen des Films

Königinnen des Tanzes

Königinnen des Theaters

Malende Superfrauen

Meine Worte sind wie die Sterne

Die Entstehung der Rede des Häuptlings Seattle
(zusammen mit Sonja Probst)

Monstern auf der Spur
Wie die Sagen über Drachen, Riesen
und Einhörner entstanden

Neues vom Ur-Rhein
Interview mit dem Geologen und Paläontologen
Dr. Jens Sommer

Österreich in der Frühbronzezeit

Österreich in der Mittelbronzezeit

Österreich in der Spätbronzezeit

Pompadour und Dubarry. Die Mätressen
von Louis XV.

Raub-Dinosaurier von A bis Z.
Mit Zeichnungen von Dmitry Bogdanav
und Nobu Tamura

Rekorde der Urmenschen
Erfindungen, Kunst und Religion

Rekorde der Urzeit
Landschaften, Pflanzen und Tiere

Säbelzahnkatzen. Von Machairodus
bis zu Smilodon

Säbelzahntiger am Ur-Rhein. Machairodus
und Paramachairodus

Superfrauen aus dem Wilden Westen

Tony und Bruno Werntgen. Zwei Leben für die Luftfahrt
(zusammen mit Paul Wirtz)

Was ist ein Menhir?
Interview mit dem Mainzer Archäologen
Dr. Detert Zylmann

Weisheiten der Indianer

Wer ist der kleinste Dinosaurier?
Interviews mit dem Wissenschaftsautor Ernst Probst

Wer war der Stammvater der Insekten?
Interview mit dem Stuttgarter Biologen
und Paläontologen Dr. Günther Bechly

Zenobia von Palmyra.
Eine Frau kämpft gegen die Römer

Bestellungen bei: http://www.grin.com